Querida Abuela,

Tu historia es muy valiosa para mí y me gustaría atesorarla y transmitirla.

En este libro encontrarás preguntas sobre tu vida que podrás responder o no. Escribe lo que quieras, es tu historia.

Si quieres, puedes añadir fotos e incluso una receta.

Tómate todo el tiempo que necesites para completar este libro. Cuando hayas terminado, puedes devolvérmelo.

....

....

....

....

....

....

Petición Especial

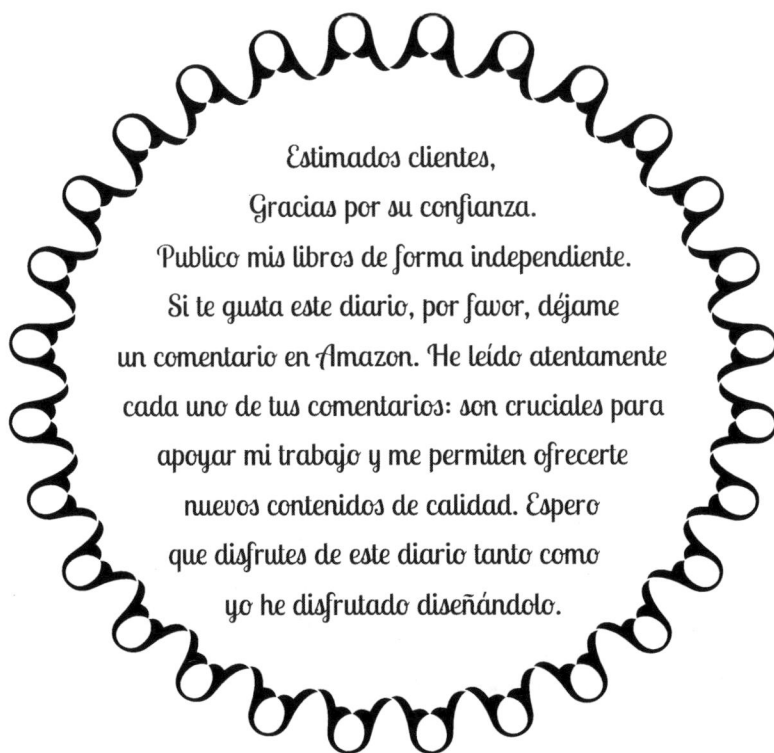

Estimados clientes,
Gracias por su confianza.
Publico mis libros de forma independiente.
Si te gusta este diario, por favor, déjame
un comentario en Amazon. He leído atentamente
cada uno de tus comentarios: son cruciales para
apoyar mi trabajo y me permiten ofrecerte
nuevos contenidos de calidad. Espero
que disfrutes de este diario tanto como
yo he disfrutado diseñándolo.

Escanea este código QR
para dejar tu comentario

¡Gracias de antemano!
Lise

ES

USA

Contenido

Tu árbol genealógico

Tú

Tu padre

Tu madre

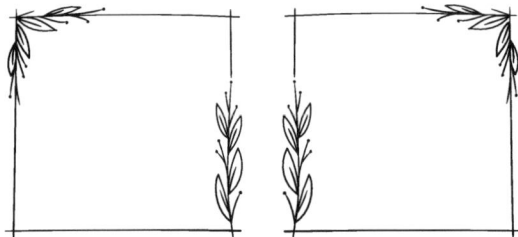

Tu abuelo

Tu abuela

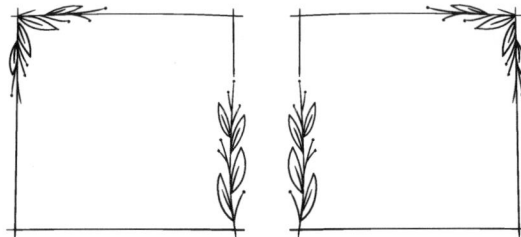

Tu abuelo

Tu abuela

Hablemos de ti, Abuela

Pega una foto tuya

Te llamas ....

Naciste el .... en ....

Tienes .... hijos, ... nietos y, ... bisnietos.

Tu infancia

Háblame de tus padres: ¿de dónde vienen, cómo se conocieron, a qué se dedicaban, se ganaban la vida, cómo eran?

Tu madre :

....

....

....

....

....

....

....

....

....

....

....

....

....

....

....

....

....

....

Tu padre :

¿Cuáles son tus mejores recuerdos con ellos?

....

....

....

....

....

....

....

....

....

....

....

Háblame de tus hermanos y hermanas

....

....

....

....

¿Qué tal te has llevado con ellos? ¿A qué has jugado?

....

....

....

....

....

....

¿Conociste a tus abuelos? ¿Cómo eran?

....

....

....

....

....

....

....

....

....

....

....

¿Viven cerca de ti?

....

....

....

....

....

¿Te cuidaron?

....

....

....

....

....

Recuerdos familiares (fotos o anécdotas)

¿Dónde vivías?

....
....
....
....

¿Cómo era tu casa?

....
....
....
....
....
....
....
....
....
....

¿Y tu habitación?

....
....
....
....
....

¿Eras una niña buena o mala?

....
....
....
....
....
....

¿Te regañaban a menudo en casa? ¿Cuáles fueron tus castigos?

....
....
....
....
....

¿Qué juguetes tenías? ¿Tenías un peluche?

....
....
....
....
....
....
....
....
....
....

¿Cómo era tu escuela?

....
....
....
....
....
....

¿Cómo has llegado hasta allí? (a pie, en bicicleta...)

....
....
....
....
....
....

¿Recuerdas a tus profesores? ¿Ha habido alguno que te haya marcado
especialmente?

....
....
....
....
....
....
....
....
....
....

¿Trabajaste bien o tuviste dificultades?

....
....
....
....
....

¿Cuál era tu asignatura favorita?

....
....
....

¿Tenías muchas amigas? ¿Cómo se llamaba tu mejor amiga? ¿Aún la ves?

....
....
....
....
....
....
....
....
....

¿A qué jugabas en el patio?

....
....
....
....
....
....
....
....

¿Cuáles eran los castigos en la escuela?

....
....
....
....
....
....
....
....
....

Cuando eras niña, ¿cuál era tu trabajo soñado?

....
....
....
....

Fuera de la escuela, ¿has hecho alguna actividad o deporte?

....

....

....

....

....

....

¿Cocinaste con tu madre? Si es así, ¿recuerdas alguna receta familiar
(tienes espacio en la página siguiente para escribirla)?

....

....

....

....

....

¿Tenías una fiesta todos los años en tu cumpleaños?
¿Recuerdas alguna en particular?

....

....

....

....

....

....

....

Receta familiar

¿Qué has hecho en Navidad? ¿Ha habido alguna que te haya marcado especialmente?

....
....
....
....
....
....
....
....
....
....
....
....
....
....
....

¿Cuál ha sido el mejor regalo que has recibido? ¿Cuál fue la ocasión?

....
....
....
....
....
....
....

¿Te has ido de vacaciones? Si es así, ¿cuál es tu mejor recuerdo?

....
....
....
....
....
....
....
....
....
....

¿Qué has hecho durante las vacaciones de verano?

....
....
....
....
....
....
....
....
....

Recuerdos familiares (fotos o anécdotas)

Tu adolescencia

¿Cómo fue tu adolescencia?

....
....
....
....
....
....
....
....
....
....
....

¿Qué tipo de música escuchabas?

....
....
....
....
....
....
....
....

¿Cómo fue la moda? ¿Cómo te has vestido?

....

....

....

....

....

....

....

....

¿Qué te gustaba hacer en tu tiempo libre?

....

....

....

....

....

....

....

¿Has ido al cine? ¿Al teatro? ¿A los conciertos?

....

....

....

....

¿Qué has estudiado?

....
....
....
....
....
....
....
....
....
....
....

¿Los elegiste tú o te los impusieron?

....
....
....
....
....
....
....
....
....
....
....

Recuerdos de tu adolescencia (fotos o anécdotas)

Tu vida adulta

¿Cuándo empezaste a trabajar?

....

....

....

¿Qué has hecho?

....

....

....

....

....

....

¿Cómo has llegado al trabajo? ¿A qué distancia estaba?

....

....

....

....

¿Seguías viviendo con tus padres?

....

....

....

¿A qué edad conociste al abuelo?

....

....

....

....

....

¿Cómo lo conociste?

....

....

....

....

....

....

....

....

....

....

....

....

....

....

....

....

¿Fue tu primer amor?

....

....

....

....

....

....

....

....

....

....

¿Qué te ha gustado de él?

....

....

....

....

....

....

....

....

....

....

....

....

....

¿Cómo se lo propuso?

....
....
....
....
....
....
....
....
....

¿Y cómo reaccionó la gente de tu entorno?

....
....
....
....
....
....
....
....
....

¡Háblame de tu boda!

....

....

....

....

....

....

....

....

....

....

....

....

....

....

....

....

....

....

....

....

Fotos de tu boda

¿Te has ido de luna de miel?

....
....
....
....
....
....
....
....
....
....
....

¿Cuándo os habéis ido a vivir juntos? ¿Cómo fue tu primera casa?

....
....
....
....
....
....
....
....
....
....
....
....
....

¿Tenías alguna afición? ¿Has viajado?

....

....

....

....

....

....

....

....

....

¿Cuál es tu mejor recuerdo de ese tiempo con el abuelo?

....

....

....

....

....

....

....

....

....

Tu vida como Madre

¿A qué edad te convertiste en madre por primera vez?

....
....
....

¿Cómo reaccionaste cuando supiste que estabas embarazada?

....
....
....
....
....

¿Qué fue lo que más cambió en tu vida el día que fuiste madre?

....
....
....
....
....
....
....
....
....

¿Has criado a tu/s hijo/s de forma diferente a como te criaron tus padres?

....

....

....

....

....

....

....

....

....

....

¿De qué estás más orgullosa en tu vida como madre?

....

....

....

....

....

....

....

....

....

....

....

¿Cómo fue el nacimiento de mi madre / padre? ¿Estaba el abuelo presente en el nacimiento?

....
....
....
....
....
....
....
....
....
....

¿Cómo fueron los primeros años? ¿Trabajabas o estabas en casa cuidando a mamá/papá?

....
....
....
....
....
....
....
....

¿Qué bebé era? ¿Lloraba mucho?

....

....

....

....

....

¿Recuerdas alguna canción que le cantabas o algún cuento que le contabas?

....

....

....

....

....

....

¿Cuál era su comida favorita?

....

....

....

....

....

....

¿Recuerdas su primer día de clase? ¿Fue difícil?

....

....

....

....

....

....

....

....

....

¿Te has ido de vacaciones con tu familia? ¿Recuerdas alguna fiesta en particular?

....

....

....

....

....

....

....

....

....

....

Recuerdos con mamá / papá (fotos o anécdotas)

¿Cómo era mi madre/padre de adolescente?

....
....
....
....
....
....
....
....
....
....

¿Cuándo te presentó ella / él a mi madre / padre por primera vez?
¿Cómo habéis reaccionado tú y el abuelo?

....
....
....
....
....
....
....
....
....
....
....

Tu vida como Abuela

¿A qué edad te convertiste en abuela por primera vez?

....

....

....

¿Cómo se sintió?

....

....

....

....

....

....

....

¿Haces las mismas actividades conmigo que con mamá / papá?

....

....

....

....

....

....

....

¿Qué es lo que más te gusta cuando estás conmigo?

....

....

....

....

....

....

....

....

¿Hay cosas que no permitieron hacer a mamá/papá y que yo sí puedo hacer?

....

....

....

....

....

....

....

¿Cuáles son tus mejores recuerdos conmigo?

....
....
....
....
....
....
....
....
....
....

¿Aún hay cosas que te gustaría hacer conmigo?

....
....
....
....
....
....
....
....
....

¿Cuánto te gusto?

43

Recuerdos conmigo (fotos o anécdotas)

Toda tu vida

¿Cuáles son los mejores momentos de tu vida hasta ahora?

¿Las personas más bellas que has conocido?

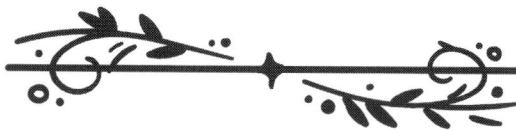

¿Los lugares más bonitos que has visitado?

¿Las cosas más bonitas que has visto?

¿Has tenido algún momento difícil que te gustaría contar?

¿Qué lecciones has aprendido de ellos?

¿Cuáles son tus sueños?

....

....

....

....

....

....

....

....

....

....

....

....

....

....

....

....

....

....

....

....

....

¿Hay algo que aún no hayas hecho y que realmente quieras hacer en tu vida?

¿Por qué recuerdos te gustaría que te recordaran?

¿Qué consejo me darías para tener éxito en mi vida personal?

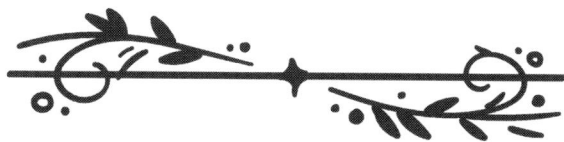

¿Y para mi vida profesional?

También quería decirte ...

Un pequeño espacio para lo que quieras añadir…

....

....

....

....

....

....

....

....

....

....

....

....

....

....

....

....

....

....

....

Tu vida en imágenes

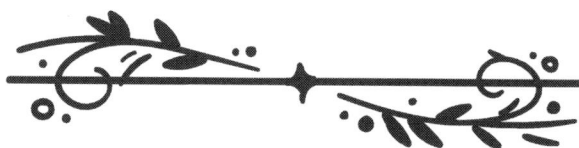

6cead868-f67a-4234-b8c2-294db2b0d9d4R01